www.tredition.de

AF196875

James Sorg

Mein Herzinfarkt

www.tredition.de

© 2018 James Sorg

Verlag und Druck: tredition GmbH, Hamburg

ISBN
Paperback: 978-3-7469-1300-1
Hardcover: 978-3-7469-1301-8
e-Book: 978-3-7469-1302-5

Inhalt

VORWORT

Man muss nicht unbedingt an einer ernsthaften Herzerkrankung leiden, um sich Gedanken über seine Gesundheit zu machen. Man muss nicht unbedingt einen Nahestehenden aufgrund eines Herzleidens verloren haben, um ständig darüber nachdenken zu müssen. Unsere Pflicht ist es jedoch, uns zu jedem Zeitpunkt um uns selbst zu kümmern und uns und unseren Verwandten gegenüber verantwortungsvoll zu sein, da das Wertvollste das wir haben, genau das Leben ist …

Solche Gedanken hatte ich in meinem Kopf, als ich zum ersten Mal den Text „Mein Herzinfarkt" von James Sorg gelesen habe. Die Geschichte hat mich von Anfang bis Ende gepackt und erschüttert. Sie könnte durchaus eine fiktive belletristische Geschichte des Autors sein, was sie jedoch nicht ist. Kein Schriftsteller wäre in der Lage, sich die Erlebnisse des Autors auszudenken und diese zu beschreiben. Jeder der Leser wird augenblicklich verstehen, dass es sich hierbei um eine persönliche und wirklich erlebte Geschichte handelt. Das ist eine Geschichte über das Herz, die wirklich durch unsere

Herzen geht. Das ist eine Geschichte über die Kraft des Geistes und Willens, die Leidenschaft für das Leben, die Ausdauer und die Weigerung, aufzugeben, wenn dein eigener Körper dich schon irgendwie in Stich gelassen hat.

James Sorg hat diese schreckliche Geißel der Gegenwart – den Herzinfarkt, persönlich durchlebt. Er hat ihn erlebt und überlebt, indem er Kenntnisse in der Gegenwart erworben, sich rechtzeitig informiert, seinen Körper und Geist trainiert hat, und es abgelehnt hat, sich aufzugeben.

Nicht jeder Mensch ist in der Lage, sich nach so einem Schicksalsschlag wieder aufzurichten. Versuchen kann es jedoch jeder. Ein Beweis dafür ist auch die ergreifende Geschichte „Mein Herzinfarkt", in der man zu keinem Zeitpunkt Verzagtheit, Kapitulation, Weigerung, im Namen des Lebens zu kämpfen, vernehmen werden.

Diese Geschichte kann eine starke Waffe für jeden von uns sein, der von einem Infarkt betroffen ist oder auch nur bedroht ist - sowohl durch den hohen Geist des Erzählers als auch mit den vielen spezialisierten medizinischen Informationen, die der

Autor sich bemüht hat, gewissenhaft zu sammeln und den Lesern zur Verfügung zu stellen.

Sollte diese Erzählung Sie wenigstens zu etwas mehr Selbstvertrauen inspirieren und Sie ein wenig stärker, mutiger und gütiger stimmen, so hat sie ihren Zweck erfüllt.

Denn das ist die Geschichte des Lebens.

Kamen Petrov, Redakteur.

Einführung

Ich bin der Meinung, dass man seine Erkrankung kennen sollte, um in der Lage sein zu können, sich rechtzeitig medizinische Unterstützung zu verschaffen.

Als Grund für den Herzinfarkt benannten verschiedene Ärzte, den hohen Prozentsatz des vererbbaren Risikos, gefolgt von Faktoren wie das Rauchen und nicht an letzter Stelle der Stress.

Ich war sehr enttäuscht von den oberflächlichen Erklärungen, die ich bekam. Wenn Sie zu den Menschen gehören, die einen Herzinfarkt erlitten haben, haben Sie sich sicherlich auch so gefühlt. Wenn Sie so viel wie möglich über die Ursachen wissen wollen, die zum Myokardinfarkt führen, dann ist diese Geschichte genau für Sie.

Ich begann mit dem Versuch, die Konzentration von Stammzellen im eigenen Körper zu erhöhen.

Ich habe Arteriosklerose und Arterienplaque bekommen (der technische Ausdruck lautet Arteriosklerose oder Verhärtung der Arterien). Ich suchte nach einer Verbindung zwischen Arteriosklerose, arteriellen und dentalen Plaques.

Beim Lesen fand ich Stellungnahmen über die Statine (Medikamente, die das schlechte Cholesterin reduzieren), deren Nutzen und die Schäden für den Organismus.

Ich bin auf das Argument gestoßen, dass ein hoher Cholesterinspiegel zu einem erhöhten Risiko für Herzinfarkte führt.

Als ich mit dem Lesen fortfuhr habe ich verstanden, dass die Einnahme von Statinen die Bankkonten der Pharmaunternehmen füllt, jedoch den Patienten das Koenzym Q10 entzieht.

Zwangsläufig führte mich das zu der Krankheit Skorbut und zur Verkalkung von Organen im Körper.

Ich entwickelte eine eigene Diät und ergänzte diese mit körperlichen Übungen. Ich änderte meine Lebens- und Ernährungsweise und habe ein sehr gutes Ergebnis erreicht. Neun Monate nach dem Herzinfarkt betrug mein Blutdruck bereits 115/74. Es war notwendig, dass mein behandelnder Arzt das verschriebene Präparat zur Blutdrucksenkung streicht.

Da ich nirgendwo eine solche Geschichte gefunden habe, beschloss ich, meine Erfahrungen mit dem erlittenen Herzinfarkt mit Ihnen zu teilen.

Angina pectoris

In einem klaren und kalten Dezember Nacht war ich mit meinem Fahrzeug an einer Waschanlage, als ich fühlte, dass die von mir eingeatmete Luft plötzlich eiskalt geworden war.

Anfangs bemerkte ich bei jedem Atemzug einen schneidenden Schmerz im Bereich des Halses und der Brust. Später wurden die Schmerzen sehr stark und stumpf, bemerkbar im Bereich des Zwerchfells.

Ich stellte das Waschen des Autos ein und setzte mich überrascht und verängstigt auf den Fahrersitz, mit der Hoffnung, dass der Schmerz nachlassen und vergehen wird. Leider verschlimmerten sich die Schmerzen, begleitet von starker Unruhe und panischen Angstzuständen.

Ich sah mich um, mit der Hoffnung meinen Zustand jemandem mitteilen zu können, es stellte sich jedoch heraus, dass ich allein bin. Der Schmerz nahm weiter zu. Hektisch begann ich zu denken, was ich tun kann. Vielleicht war das mein langjähriges Magengeschwür, das sich wieder meldet?

Ich entschied mich, schnell nach Hause zu kommen. Trotz des vereinnahmenden Wunsches schnell zu Hause anzukommen, fuhr ich langsam und mühevoll, in Beugestellung.

Die Fahrzeit für die 14 Kilometer kam mir wie eine ganze Ewigkeit vor.

Ich hielt auf der Mitte der Straße an und verließ das Auto. Die Treppen zur Eingangstür meines Heims bewältigte ich nur mit großen Schwierigkeiten.

Ich kann mich nicht daran erinnern, wie ich die Eingangstür aufgeschlossen habe, überquerte jedoch den Flur und war schon in der Küche, als ich auf Knien auf dem Boden fiel.

Meine Familie geriet in Panik. Ich richtete mich auf und ging ins Wohnzimmer, setzte mich auf den Sessel und nahm eine Tablette gegen mein Magengeschwür ein, die mir meine Ehegattin gab. Sie bat mich, einen Krankenwagen zu rufen, ich lehnte aber ab in der Hoffnung, dass sich mein Zustand nach der Einnahme des Medikaments verbessern würde.

Ich ging zur Couch, aber der Schmerz war weiterhin intensiv. Tief im Bereich des Zwerchfells fühlte ich einen starken und dumpfen Druck. Ich fing an schwer zu atmen. Obwohl ich tief einatmete reichte mir die Luft nicht aus.. Ich spürte ein Kribbeln meiner Hände, von den Fingern zu den Ellenbogen. Sie fingen an sich gelblich zu färben und ich hatte kein Gefühl in meinen Händen.

Dann hörte ich, wie meine Tochter mit dem Notfalldienst telefonierte. Später stellte sich heraus, dass ihr rechtzeitiger Anruf mir das Leben gerettet hat.

Die Jungs vom Notfalldienst und der Notfallarzt waren bei mir sieben Minuten nach unserem Telefonat.

Sie haben meinen Blutdruck gemessen, überprüften die elektrische Aktivität meines Herzens und teilten mir mit, dass ich zum nächst gelegenen Krankenhaus transportiert werden muss.

Stellen Sie sich meine Überraschung vor, als ich erfahren habe, dass die Schmerzen von einem Problem mit dem Herzen stammen und ich unverzüglich zur Klinik in Villingen zu transportieren wäre. Dann erinnerte ich mich an den starken, stechenden Schmerz – wie von einer Nadel - im Herzbereich vor vier Nächten, welchem ich nicht ausreichend Achtung geschenkt habe.

Während des Transports im Notfallwagen habe ich eine Infusion mit dem Schmerzmittel Morphin bekommen. Erst dann habe ich verstanden, dass etwas Ernstes vor sich geht. Es war seltsam, aber ich war nicht besorgt. Der Schmerz ließ nach und das Angstgefühl verschwand.

In der Klinik

Ich war beeindruckt von der guten Organisation seitens des Kardiologen bei der Aufnahme.

In einem geräumigen und gut beleuchteten Saal wurde ich auf einem Operationsbett platziert. Daneben befanden sich vier riesige Bildschirme auf Ständern, die an der Decke befestigt waren.

Das Personal bestand aus vier Personen, zwei davon wahrscheinlich Ärzte. Sie tauschten kurze Sätze aus, dann trat einer von ihnen auf mich zu, stellte sich vor und erklärte mir:

- Sie haben einen Herzinfarkt erlitten. Das Gerät wird sekundenweise Röntgenaufnahmen machen, ich werde eine färbende Flüssigkeit in ihrem Kreislaufsystem einführen, damit wir erfahren, welches Blutgefäß und an welcher Stelle genau verstopft sind. Dort wird mit einem Katheter ein Stent platziert. Der Katheter ist eine feine, hohle, flexible Röhre mit variablem Durchmesser, der durch eine kleine Arterie an der Falte des Handgelenks oder die Falte des Oberschenkels zum Becken eingeführt wird und die Blutgefäße erreicht. Der Stent ist ein Röhrchen, welches das Blutgefäß erweitern wird, damit ihr Blutkreislauf wieder hergestellt wird. Nach einer örtlichen Betäubung werden Sie keinen Schmerz spüren.

Der Arzt wurde dabei unterstützt, einen schweren, knielangen Kittel und eine besondere Kopfbedeckung anzuziehen. Wahrscheinlich war das eine spezielle Ausstattung, die vor den Röntgenstrahlen schützen sollte. Ich konnte nicht sehen, was der Arzt macht, spürte aber die Bewegung des Katheters entlang meiner Brust. Schmerzen hatte ich keine.

Nach dem Ende der Manipulation, die ca. 20 Minuten dauerte, sagte er folgendes:

- Von diesem Moment an vergessen Sie die Zigaretten.

Da die nächsten vierundzwanzig Stunden entscheidend über Leben und Tod waren, wurde ich in einem Einzelzimmer der Wiederbelebungsstation verlegt. Kurze Zeit danach wurde ich von meiner Ehefrau besucht. Unsere Gefühle zu diesem Zeitpunkt werde ich hier nicht beschreiben. Als sie sich verabschiedete, habe ich erwähnt, dass ich mich besser fühle, obwohl wir beide realisiert haben, dass die Gefahr noch nicht vorbei war.

Allein im verdunkelten Zimmer kamen in mir viele Erinnerungen hoch.

Seltsam war, dass ich noch nicht mal für einen kurzen Augenblick an das Ende gedacht habe. Der Raum war voller trauriger Stille. Ich hörte nur das Tonsignal des Herzfrequenzlesers.

Ich fühlte sehr oft eine kurze Arrhythmie, als ob mein Herz versuchte und sich beeilen wollte, den Rhythmus zu finden. Als das etwas länger anhielt, kam ein Sanitäter und verabreichte mir ein flüssiges Medikament. Es war so gegen elf Uhr abends, als der Gefühlssturm mich erschöpft hatte und ich unerwartet eingeschlafen bin.

Am nächsten Morgen bin ich aufgewacht, habe aber meine Augen nicht geöffnet. Um mich herum herrschte eine seltsame Stille. Mir gefiel die Vorstellung, dass das, was passiert war, ein böser Traum sein könnte, und wenn ich aufwache, ich wieder daheim sein werde. Ich hörte Geräusche und Gespräche. Ich öffnete die Augen. Zu meinem Bedauern stellte sich heraus, dass ich nicht geträumt habe.

Eine Krankenschwester betrat das Zimmer, die ein Tablett mit Medikamenten trug und zu mir sagte:

- Ich bringe Medikamente, die Sie einnehmen müssen.

- Verbessert sich mein Zustand? Ist es normal nach den Geschehnissen, dass ich so oft Arrhythmien bekomme??- fragte ich.

Sie blickte auf den Bildschirm und sagte:

- Die Herzmuskeln leben Dank des Sauerstoffs, den sie vom Blut aufnehmen. Sie haben eine Verstopfung eines Blutgefäßes bekommen, und die Muskeln, die keinen Sauerstoff bekommen haben, sind abgestorben. Diese werden in Bindegewebe umgewandelt, das keine Muskelfunktion aufweist. Sie haben Glück gehabt. Die medizinische Intervention bei Ihnen war sehr rasch und der Schaden an Ihrem Herzmuskel ist gering. Die Arrhythmie sollte verschwinden und das Herz seinen Rhythmus normalisieren. Sie sollten im Bett bleiben. Rufen Sie mich, wenn Sie etwas brauchen.

Ich verbrachte zwei Tage in der Reanimation, und die Arrhythmie-Fälle ließen allmählich nach. Am dritten Tag wurde ich auf die normale Station der Kardiologie verlegt. Ich war optimistisch eingestellt, weil das für mich bedeutete, dass mein Zustand sich bessern würde. Der Besuch meiner Ehefrau und unserer Kinder wirkte sehr positiv auf uns.

Am vierten Morgen meines Aufenthalts fragte ich bei der Morgenvisite der Ärzte:

- Sind Sie der Meinung, dass es mir besser geht? Kann ich nach Hause entlassen werden?

- Wir werden jetzt eine Ultraschalluntersuchung vornehmen, und wenn das Ergebnis gut ist, haben Sie zwei Möglichkeiten. Ich empfehle Ihnen, weiterhin hier im Krankenhaus zu bleiben, bis ein freier Platz für Sie in einem Sanatorium mit intensiver Krankengymnastik zur Verfügung steht. Die andere Möglichkeit ist, Sie auf Ihre eigene Verantwortung nach Hause zu entlassen.

Vor der Perspektive, 30 Tage in einem Sanatorium, während der Weihnachts- und Silvester Feiertage, getrennt von der Familie zu verbringen, ohne eine Garantie für den Zustand meiner Gesundheit, habe ich mich für den Moment hier und jetzt entschieden.

Einen Monat später

Es war normal, manchmal eine Arrhythmie und sehr leichte Beschwerden in der Brustgegend zu fühlen. Ein Bekannter, der auch einen Infarkt erlitten hatte, hatte auch solche Beschwerden. Später erfuhr ich von meinem behandelnden Arzt von einer Behandlung mit Injektion von Stammzellen in den Herzmuskel. Dort wandeln sich diese Stammzellen in Muskelzellen um.

Das löste meine Phantasie aus und ich fing an, Informationen zu sammeln, wie ich die Stammzellen in meinem Organismus aktivieren könnte.

Die Stammzellen sind nicht reife Zellen und können sich zu Zellen entwickeln, die jedes einzelne Organ aufbauen. Die größte Konzentration findet sich im Knochenmark, in der Nabelschnur oder in anderen perinatalen Geweben.

Es sind zahlreiche Therapien mit Stammzellen bekannt. Für mich sind gegenwärtig die Herz-Kreislauf Erkrankungen - Myokardinfarkt und Korrektur des Herzmuskels am wichtigsten.

Die Stammzellen enthalten nicht nur genetische Daten, wichtiger ist, dass sie das Schema für die Entwicklung und die richtige Reihenfolge der Entwicklung des Organismus enthalten. Wenn die Stammzellen im Organismus einmal ein chemisches Signal bekommen, dass ein bestimmtes Gewebe geschädigt, vom Blut getrennt ist, bewegen sich diese durch das Kreislaufsystem zum Ort der Verletzung. Dort wandeln sie sich in Zellen des Gewebes oder der Organe um, die schutzbedürftig sind. Stammzellen können sich in jeder Art von Zellen umwandeln und entwickeln: Leberzellen, Nervenzellen, Zellen der glatten Muskulatur.

Als ich eines Tages verschiedene Artikel gelesen habe, erfuhr ich von der Entdeckung, die 2008 den Nobelpreis für Chemie bekommen hat. Es handelt sich hierbei um ein Patent für Stammzellen und AFA, ausgestellt auf den Namen von Gite Jensen und Kristian Drapo. Das Wesen dieses Patents ist, dass Algenkonzentrat AFA Stammzellen aktiviert und ohne Implantate dorthin schickt, wo sich der Körper wieder herstellen muss.

Zitat von Rosen Todorov und Dr.med. P. Naydenov:

„ ... Mobilisierung von Stammzellen nach Anwendung von AFA

Gesunde Freiwillige wurden auf CD34+ Zellen untersucht, im peripheren Blut vor und von 1 bis 4 Stunden nach der Aufnahme von 5 mg Trockenalgen AFA. Die Freiwilligen wurden angewiesen, die körperliche und geistige Aktivität für eine gewisse Zeit vor und nach der Aufnahme von AFA zu reduzieren. Es wurde festgestellt, dass die Einnahme von AFA einen starken vorübergehenden Anstieg der im Blut zirkulierenden Stammzellen induziert, der nach 2-3 Stunden am höchsten ist (Erhöhung über 400%) und mit einer Dauer von bis zu 4 Stunden ist. Das bedeutet, die Einnahme von

AFA kann die Freisetzung von Stammzellen im Kreislaufsystem vom Knochenmark und von weiteren Depots steigern.„

Warum wird diese Information nicht den Kranken zur Verfügung gestellt?

Da ich keine Behandlung durch Injektion von Stammzellen im Herzmuskel vornehmen wollte, entschied ich mich, blaugrüne Algen AFA (Aphanizomenon flos-aquae) einzunehmen.

Stammzellen

Hier ein Zitat aus dem Artikel von Frau Irena Stefanova, welche die chemische Zusammensetzung von AFA beschreibt:

„AFA haben einen extrem hohen Gehalt an Vitaminen, Mineralien (Calcium, Chrom, Kobalt, Kupfer, Eisen, Magnesium, Mangan, Kalium, Bor, Phosphor, Selen, Natrium, Schwefel, Titan, Vanadium, Zink), essentielle Fettsäuren aus der Omega-3-Gruppe, insbesondere Alpha-Linolensäure, die für die Immunität, das Herz-Kreislauf- und Nervensystem nützlich sind. Omega-3 wirkt präventiv auf die Thrombozytenaggregation, senkt aber auch das Cholesterin, und lebende Enzyme.

*Sie sind die größte bisher bekannte und leicht ver-
dauliche Quelle für Vitamin B12, was sie zu einer idea-
len Nahrung für Vegetarier macht. Der Mangel an diesem Vitamin, was Anämie verursachen kann, ist oft auf
eine beeinträchtigte Absorption zurückzuführen.*

*Wissenschaftler sind der Meinung, dass Störungen
aufgrund der Anwesenheit von freien Radikalen die Ursache für viele der modernen degenerativen Erkrankungen sind.*

*Beta-Karotin (Provitamin A) ist ein extrem wirksa-
mes Antioxidans mittel, das Herz-Kreislauf-Erkrankungen hilft zu verhindern, und in diesen Algen im Über-
fluss vorhanden ist (mehr wie 240 Retinol äquivalente
pro Gramm).*

*Blaugrüne Algen sind eine einzigartige Quelle des
„Moleküls der Liebe" – das Phenylethylamin (PEA).
PEA wird im Gehirn von den zwei Aminosäuren synthe-
tisiert, Phenylalanin und Tyrosin, und ist verantwort-
lich für Empfindungen, verbunden mit dem Vergnügen
und der geistigen Klarheit, und reduziert zudem die vor-
klinischen Symptome von Depressionen."*

Mit der Aufnahme von AFA, auch Cyanobakterien genannt, sollte ich die Aufnahme von Protei-
nen, Vitaminen, Mineralien und Omega-3 steigern,
die ich brauchte.

Phenylethylamin (PEA) war notwendig für mich, um die Depression zu reduzieren, welche jeder erleidet, der einen Myokardinfarkt hatte.

Die ersten zwei Wochen nahm ich die blaugrüne Alge Spirulina täglich in einer Menge von 10 mg ein. Ich weiß nicht, ob es einen Placebo-Effekt gab, aber ich verspürte einen Energieschub.

Die nächsten drei Monate habe ich angefangen, täglich AFA Algen einzunehmen, auch in einer Menge von 10 mg, mit der Hoffnung, den Verkehr von Stammzellen in meinem Körper zu erhöhen. Die ganze Zeit spürte ich eine Welle von Optimismus und Energie.

Ich möchte klarstellen, dass ich nicht davon überzeugt bin, dass mein verbesserter physischer und mentaler Zustand auf die Aufnahme von AFA Algen zurückzuführen ist. Ich habe es nicht geschafft, eine Blutuntersuchung vorzunehmen, die den Inhalt an Stammzellen vor und nach der Einnahme der Cyanobakterien anzeigte.

Gleichzeitig gefiel mir die bedeutende Besserung meines Zustandes, sei es auch Dank des Placebo-Effekts.

Ich habe das Rauchen aufgegeben, da sich dadurch der Entwicklungsprozess der Arteriosklerose beschleunigt. Es ist nachgewiesen, dass 5% des Rauches einer Zigarette die Hälfte der Stammzellen für mehr wie einer Stunde unbeweglich macht, und 10% die Bewegung vollständig anhält.

Koenzym Q10

Ich nahm die verschriebenen Statine ein, um das schlechte Cholesterin zu reduzieren, bis ich den Bestseller, den Artikel *"The Miracle Nutrient Coenzym Q10"* – Ausgabe 1986, gelesen habe.

Der Autor, Dr. Bliznakov ist ein Mitglied der Königlichen wissenschaftlichen Gesellschaft für Tropenmedizin - Großbritannien, der Amerikanischen Vereinigung für Medizin, der Amerikanischen Föderation für klinische Untersuchungen, der Akademie der Wissenschaften von New York und der Internationalen Vereinigung für biomedizinische Gerontologie.

In seiner Artikelserie stellt er fest, dass die Einnahme von Statinen die Produktion von Vitamin Q10 (Ubichinon), auch bekannt als Koenzym Q10 im Körper einstellt. Das Herz fühlt den Mangel an Q10 in seiner Eigenschaft als Katalysator von Energie, da sich dort die höchste Konzentration befindet.

Dr. Whitaker von *Whitaker Wellnes institut* schreibt auch, ich zitiere:

„... CoQ10 ist unter den ersten drei Entdeckungen des 20. Jahrhunderts, da es den Gesundheitszustand von tausenden Millionen Menschen mit einer breiten Erkrankungspalette verbessern kann. Das kommt daher, dass CoQ10 ein wesentliches Element bei der Energieproduktion ist. Da das Niveau dieser bedeutenden Verbindung sinkt, wird die Fähigkeit Energie zu produzieren reduziert und es kommt zur Entwicklung von allen möglichen Erkrankungen. Wenn man das Niveau von CoQ10 durch orale Ergänzung erhöht, steigt die Produktion von Energie und das erzeugt erstaunliche Vorteile.

Ich denke, dass die Entdeckung von CoQ10 wichtiger ist, wie die Entdeckung des Insulins – der Gefahr aufgrund des Mangels an CoQ10 sind mehr Menschen ausgesetzt, und mehr Menschen können diesen Zusatz für sich nützlich machen, im Vergleich mit dem Insulin. Leider wurde es zu einem Zeitpunkt entdeckt, als die konventionelle Medizin von der Pharmaindustrie dominiert wurde. Unter diesen Bedingungen kommt sogar so eine einzigartige Entdeckung, wie die von CoQ10 nie ans Tageslicht ...".

Warum werden Patienten, die einen Herzinfarkt hatten, nicht über diese revolutionären Entdeckungen informiert? Warum werden wir nicht über die Nebenwirkungen der Statine informiert?

Es ist nachgewiesen, dass der Körper nach einer körperlichen Anstrengung von 30 Minuten eigenständig das schlechte Cholesterin abbaut.

Als ich mich für körperliche Übungen entschied, wählte ich ein Gerät aus, welches das Rudern in einem Boot nachahmte. Beim Training bringt dieses Gerät viele Muskelgruppen in Bewegung, ohne schwere Gewichte heben zu müssen, was nach einem Herzinfarkt gegenindiziert ist.

Arteriosklerose

Bei mir war die Verstopfung der Blutgefäße durch Arteriosklerose / arterielle Ablagerungen verursacht worden. Ich stand vor der Herausforderung, so viel wie möglich über die Arteriosklerose zu erfahren. Eine Antwort fand ich im Artikel von

Doz. Temelkova-Kyurkchieva, die auch etwas über Kalzium Ablagerungen schreibt, ich zitiere:

*„Laut der Klassifikation der Weltgesundheitsorganisation wird die Arteriosklerose folgendermaßen definiert „variable Kombination von Veränderungen in der inneren Schicht der Arterien (Intima), dargestellt als eine örtliche Ansammlung von Lipiden, komplexen Kohlenhydraten, Blut und Blutprodukten, faserige (Binde-) Gewebe und **Kalkablagerungen**, begleitet von Veränderungen in der mittleren Gefäßschicht der Arterienwand".*

Eine kürzlich veröffentlichte Studie von *American Heart Association* gibt an, dass Parodontitis, Myokardinfarkt und Schlaganfall sehr oft zusammen vorkommen.

Zusätzlich bin ich auf die Untersuchungen von Howard Jenkinson, Profesor an der Bristol Universität gestoßen, darüber, dass Zahnfleischbluten den Zugang für orale Bakterien - Streptokokken zum Blutsystem öffnet, wo die Erreger Gerinnsel bilden können, die zu Herzerkrankungen führen.

Ich habe die erste Phase der Parodontitis. Ich habe beschlossen, die Wahrscheinlichkeit auszuprobieren, die oralen Erreger Streptokokken zu reduzieren, die in meinem Blutkreislauf gelangen, und zwar nicht nur durch regelmäßiges Zähneputzen und Reinigung von Zahnstein, sondern in einer Kombination mit der Einnahme von BioGaia/ ein Probiotikum, das den Stamm L.reuteri Protectis DSM 1793 enthält, isoliert aus der Muttermilch, als Kombination zweier Stämme (ATCC 55730 и ATCC PTA 5289).

Die probiotischen Tabletten unterdrücken die schädlichen Bakterien Streptokokken in der Mundhöhle, haben eine entzündungshemmende Wirkung und verbessern den Zustand des Zahnfleisches.

Ich nehme an, dass ich durch die Einnahme von AFA die Stammzellen aktiviert habe. Durch das regelmäßige Zähneputzen und die Reinigung des Zahnsteins, sowie durch die Einnahme von BioGaia/Probiotikum habe ich die Menge der oralen Erreger Streptokokken reduziert, die in meinem Blutsystem durch das kranke Zahnfleisch gelangen, natürlich in Kombination mit den Medikamenten, die mir mein Hausarzt verschrieben hatte.

Nun brauchte ich Information, ob ich das schlechte Cholesterin und die arteriellen Ablagerungen – speziell die Kalziumablagerungen reduzieren könnte. Seit langer Zeit ist es kein Geheimnis mehr, dass die Arteriosklerose das Ergebnis aus der strukturellen Schwäche der Arterienwände ist, welche im Wesentlichen auf den Mangel an **Vitamin C** und von weiteren Mikronährstoffen beruht.

Es herrscht die allgemein anerkannte Auffassung, dass schlechtes Cholesterin das Bauelement für jede Zelle ist, und dessen hoher Gehalt bedeuten kann, dass der Organismus es für notwendig hält, geschädigte Zellen an den Wänden der Blutgefäße reparieren zu müssen.

Die weltweiten englischen Medien haben über wissenschaftliche Beweise berichtet, dass die erhöhten Werte des Cholesterins nicht die Hauptursache für Herz-Kreislauf Erkrankungen sind.

Die amerikanische Zeitung für Herz-Kreislauf Erkrankungen veröffentlichte eine Studie, welche darüber berichtet, dass die Arteriosklerose, - Ursache für Herzinfarkt und Schlaganfall - normalerweise nicht das Ergebnis der zu hohen Werte von Cholesterin im Blut ist. Stattdessen ist die Arteriosklerose das Ergebnis einer strukturellen Schwäche der Arterienwände, vor allem wegen des Mangels an Ascorbat (Vitamin C) und an weiteren Mikroelementen.

Ein Mangel an Vitamin C kann bestehen, auch wenn die Einnahme annähernd 10 mg täglich beträgt.

Die Wissenschaftler Dr. Rath und später auch der zweifache Nobel Preisträger Dr. Linus Poling bieten das revolutionäre Konzept an, dass das Lipoprotein (a) ein Reparaturmolekül ist, welches als Ersatz von **Vitamin C** bei einer geschwächten arteriellen Wand wirkt, ich zitiere :

„Herzinfarkte und Schlaganfälle waren stets die häufigsten Todesursachen. Arteriosklerose, die Hauptursache für diese Krankheiten, führt jährlich zu 17 Millionen Todesfällen weltweit. Als Ursachen für Herzerkrankungen werden jedoch hohe Cholesterinwerte im Blut, Fettdiäten und Fettleibigkeit genannt. Die Reduzierung von Nahrungsfett und die künstliche Senkung des Cholesterinspiegels im Blut mit cholesterinsenkenden Arzneimitteln (Statinen) haben dieses Problem nicht gelöst. Die arteriosklerotischen Plaques treten hauptsächlich in den Koronararterien auf, und nicht im gesamten vaskularen System mit einer Länge von 60 000 Meilen. Der Mangel an Plaque in den Venen und die Tatsache, dass Tiere nicht wie Menschen an Arteriosklerose leiden, können nicht durch die Schulmedizin und die Cholesterintheorien der Herzkrankheit erklärt werden ".

Im Jahr 1990 haben Dr. Rath und Dr. Linus Poling ein revolutionäres Konzept veröffentlicht, darüber, **dass ein chronischer Mangel an Vitamin C die Wände der Blutgefäße schädigt. Dieser Schaden verursacht einen biologischen Prozess von "Reparatur", bei dem die Lipoproteine, die das Cholesterin tragen, als biologische Mörtelform in den Arterienwänden abgelagert werden. Mit der Zeit kann dieser "Reparatur" Prozess zu einer Ansammlung von atherosklerotischer Plaque fuhren.** Das effizienteste "Reparatur" Molekül ist eine große klebrige Substanz, bekannt auch als Lipoprotein (a) [Lp (a)].

Dr. Rath beobachtet die Rückkopplung zwischen der internen Produktion von Lipoprotein (a) und Vitamin C, welche er als Zusammenhang Skorbut – Herzerkrankung beschreibt. Menschen produzieren im Gegensatz zu den meisten Tieren kein Vitamin C in ihrem Körper. Aufgrund seiner einzigartigen Struktur kann Lp (a) als Ersatz für Vitamin C wirken und die Integrität der Blutgefäße bei Vitamin-C-Mangel, sowie vor der Entwicklung von Skorbut schützen. Ich zitiere:

„Unsere Tiermodellstudie hat gezeigt, dass der vollständige Mangel an Vitamin C Einnahme durch unsere Nahrung zu einer Steigerung der Serumwerte von Lp (a)

führt. Dazu kommt die gestiegene Ansammlung von Lp (a) in den Arterien, an der Stelle des höchsten mechanischen Stresses in der Nähe des Herzens, was zum Auftreten von Plaques führt. Andererseits reduziert die Zufuhr von Vitamin C effektiv die Ablagerung von Lp (a) an den Arterienwänden und reduziert demzufolge den Inhalt an Lp (a) im Blut. Das bestätigt, dass Lp (a) als ein Reparaturmolekül funktionieren kann, das sich an den geschädigten Stellen der Blutgefäßwände ansammeln kann (unzureichende Produktion von Kollagen), wenn ein Mangel an Vitamin C besteht". Die Studie ist in einer Ausgabe der amerikanischen Zeitung über Herz-Kreislauf Erkrankungen im April 2015 veröffentlicht worden."

Dr. Mathias Rath ist Arzt und Wissenschaftler, der einen Durchbruch in der Bekämpfung von Herz-Kreislauf-Erkrankungen und Krebs mit natürlichen Mitteln erreicht hat. Er ist Mitglied der New York Akademie der Wissenschaften und von weiteren wissenschaftlichen Organisationen. Vor 10 Jahren sagte der bereits verstorbene Dr. Linus Poling:

„Ihre Entdeckungen sind so bedeutsam, dass sie ganze Industrien gefährden. Eines Tages ist es sogar möglich, dass Kriege geführt werden, damit eine breite öffentliche Anerkennung verhindert werden kann ".

Schlussfolgerung

Zusammenfassend bin ich in meinen Untersuchungen zu dem Schluss gekommen, dass es keinen schlüssigen Beweis für eine Verbindung zwischen den hohen Niveaus von LDL und der Erkrankung der Koronararterien gibt. Um die Menge an LDL zu verändern, müssen wir unsere Ernährungsweise umstellen.

Doktor Redge Seyner schreibt in seinem Buch „Das Wunder des Knoblauchs" folgendes:

„Bevor die Patienten begannen, Knoblauchkapseln einzunehmen, nahmen wir einen Monat lang jede Woche Blutproben ab, um über solide Tatsachen verfügen zu können, mit welchen wir die neuen Ergebnisse vergleichen können. Nachdem sie alle den kompletten Monat täglich eine Kapsel eingenommen haben, haben die Ergebnisse angefangen, sich zu verbessern. Während des zweiten Behandlungsmonats nahmen die Patienten zwei Kapseln täglich ein und die Wirkung war sogar noch besser. Im darauf folgenden Monat erhöhten wir die Dosis auf drei Kapseln, und der Nutzen für die Patienten war unglaublich. Das Niveau von LDL reduzierte sich um fast zehn Prozent, und als Ergebnis daraus stellte sich das Gesamtniveau in gefahrlosen Grenzen ein. Gleichzei-

tig verzeichnete das HDL der Patienten einen bedeutenden Anstieg. Ein Monat nachdem die Patienten die Einnahme von Knoblauchkapseln einstellten, waren die Ergebnisse immer noch nicht auf das Vorbehandlungsni-
veau zurückgegangen. Zur Zeit nehmen alle eine Kapsel
täglich ein, und wir werden in den nächsten Monaten
weiterhin jede Veränderung aufzeichnen.„

„...Um das Blut auszuwerfen müssen die Herzkam-
mern sich in einer bestimmten Reihenfolge zusammen-
ziehen, dazu hat die Natur einen komplizierten Kontroll-
mechanismus geschaffen. Der winzige „Schrittmacher“
liegt auf dem Herz. Er ist mit den Kammern und den
Vorhöfen durch ein System aus Fasern verbunden, die
durch die Wände des Herzens laufen, und elektrische
Signale zu seinen Muskeln leiten. Diese Signale werden
in einer bestimmten Reihenfolge und Frequenz ausge-
strahlt, um durchschnittlich zweiundsiebzig Schläge pro
Minute zu sichern, und dabei gleichzeitig Pausen für die
Muskeln zu gewähren. Die gute Koordinierung der
Herzschläge ist das Ergebnis der strengen Koordinierung der Arbeit der Kammern und Vorhöfen, als Erwi-
derung der Anweisungen des Herzschrittmachers. "

„Wenn der Durchgang von elektrischen Signalen
zum Herzen blockiert oder in irgendeiner Weise beschä-
digt ist, kann das Herz nicht normal funktionieren und
das kann zu einer Herzkrise führen. Eine der häufigsten

Ursachen dafür ist das Auftreten eines Thrombus in einer der Koronararterien, der die Kontraktion der Muskeln verhindert."

Genau diese Erklärung der Arteriosklerose und der Ursachen eines Herzinfarktes, halte ich für notwendig, für jemanden, der an der Grenze zwischen Leben und Tod gewesen ist.

Unter der Aufsicht des behandelnden Arztes habe ich beschlossen, die Einnahme von Statinen schrittweise zu reduzieren und einzustellen, in einer Kombination mit dem Koenzym 10, die Einnahme der maximalen Dosis an Vitamin C einzuhalten, die Einnahme von Aspirin – das ganz und gar nicht ungefährlich ist – mit der Einnahme von natürlichem Knoblauch oder ätherischem Öl und natürlichen Zwiebeln oder Zwiebelmehl auszutauschen, mich häufig körperlich zu betätigen und gesund zu ernähren, indem ich den Stress vermeide.

Sollten Sie sich die komplette Information meiner Geschichte zu Nutzen machen wollen, beraten Sie sich bitte mit Ihrem behandelnden Arzt.

Quellen

http://badetezdravi.com/page/22/patenstvolovi-kletki-i-afa

Rosen Todorov und Dr. P. Naydenov.

https://www.bb-team.org/articles/3253_sinyo-zeleni-vodorasli

Irena Stefanova

https://www.farma.bg/brand/117/biogaia.html

http://www.puls.bg/illnes/issue_370/print.html

Doz. Temelkova-Kyurkchieva

http://whitakerwellness.com/health-concerns/treatments-for- heart-disease/what-is-coenzyme-q10/ Dr. Julian Whitaker , Whitaker Wellnes institut.

http://www4.dr-rath-foundation.org/research_news/articles/issue-40-health-information-our-study-proves-that-heart-disease-is-linked-to-vitamin-c-deficiency.html

Ref:

1 M. Rath, L. Pauling, Proc. Nati. Acad. Sci. USA Vol. 87, pp. 6204-6207, 1990

2 J. Cha, A. Niedzwiecki, M. Rath; Am J Cardiovasc Dis 2015;5(1):53-62

http://www4bg.dr-rath-foundation.org/about/dr_rath.html

Dr. Redge Seyner „Das Wunder des Knoblauchs".

Zeitfracht Medien GmbH
Ferdinand-Jühlke-Straße 7
99095 Erfurt, Deutschland
produktsicherheit@kolibri360.de